Anonymous

Artikel des allgemeinen Landtagschlusses

Anonymous

Artikel des allgemeinen Landtagschlusses

ISBN/EAN: 9783743679368

Hergestellt in Europa, USA, Kanada, Australien, Japan

Cover: Foto ©Suzi / pixelio.de

Weitere Bücher finden Sie auf **www.hansebooks.com**

Artikel

des

allgemeinen Landtagsschlusses,

welche

auf dem königl. prager Schlosse am 17ten Tage des
Monats Oktober 1774. in Gegenwart der, zu diesem allgemei=
nen Landtage verordneten, hochansehnlichen
kaserl. königl. Herren Kommissäre,

nämlich :

des hoch = und wohlgebohrnen Herrn Herrn Franz Anton, des heil. röm.
Reichs Grafen v. Nostitz und Rhinek, Herrn der böhmischen Majorats=
herrschaften Falkenau, Heinrichsgrün und Tschochau, Ihrer k. k. apost.
Majestät wirkl. geheimen Raths, Kämmerers, und des heil. Stephans=
ordens Kommandeurs, obersten Hoflehenrichters, und Beisitzers
des k. k. Landesguberniums, dann des größern.
Landrechts im Königreich Böhmen ;

des hoch = und wohlgebohrnen Herrn Herrn Christian, des heil. röm.
Reichs Grafen v. Sternberg, Ihrer k. k. apost. Majestät wirklichen
geheimen Raths, Kämmerers, und Beisitzers des k. k. Landes=
guberniums im Königreich Böhmen ;

des edlen und gestrengen Ritters Herrn Marzell v. Hennet, Herrn auf
Zwiestow, Ihrer k. k. apost. Majestät Raths, Beisitzers des k. k.
Landesguberniums, und Burggrafen des königgrätzer
Kreises im Königreich Böhmen

vorgetragen,

sodann von allen vier Ständen des Königreichs Böhmen
beschlossen, und am 7ten Oktober 1775. publiziret wurden.

Im Namen der allerheiligsten und unzertheileten Dreifaltigkeit, Gott des Vaters, Gott des Sohnes, und Gott des heiligen Geistes! Amen.

Es haben die Allerdurchlauchtigste und Großmächtigste Fürstin und Frau, Frau **Maria Theresia**, römische Kaiserin, in Germanien, auch zu Ungarn und Böhmen apostolische Königin, den gesammten vier

2) A 2. Stän=

Ständen dieſes Jhro Erbkönigreichs Böhmen, durch
Dero zu dem, für das 1775te Militarjahr ausge=
ſchriebenen, allgemeinen Landtag verordnete kaiſerl.
königl. Kommiſſäre, vermög der ihnen mitgegebe=
nen, und auf dem kaiſerl. königl. prager Schloß
bei der gewöhnlichen Landtagsverſammlung den
17ten Oktober 1774. öffentlich abgeleſenen kaiſerl.
königl. Jnſtrukzion, dann der beigefügten allergnä=
digſten Kredenzialien allerhuldreichſt zu vernehmen
zu geben geruhet: daß, obwohlen Allerhöchſtſelbte
die ſchwere Bürde, mit welcher Jhro getreuen
Lande bis nun zu beladen ſind, keineswegs miß=
kenneten, mithin nach Jhro landesmütterlicher Ge=
ſinnung wohl wünſcheten, dieſem treugehorſamſten
Erbkönigreich Böhmen, bei deſſelben durch die für=
geweſte Mißjahre und andere Unfälle erlittenen
Drangſaalen, über die bereits allermildeſt zugewen=
dete Wohlthaten in denen Ordinariabgaben einige

wei=

weitere Erleichterung allergnädigst angedeihen zu
laſſen, jedennoch die denen treugehorſamſten Ständen
bereits ehehin umſtändlich zu erkennen gegebene drin=
gende Urſachen noch immer vorwalteten, welche von
dem ſowohl zur Erhaltung einer gewachſenen Kriegs=
macht, als zu Tilgung deren in dem fürgeweſten
ſchweren Krieg zu kontrahiren bemüßigt geweſten
großen Schuldenlaſten feſtgeſetzten Syſteme ab=
zugehen nicht geſtatten.

Wie nun aber zu deſſen auf die Sicherheit und
Wohlfahrt des Landes, und Ihro Majeſtät Erb=
ſtaaten einzig und allein abzielenden Aufrechthal=
tung Ihro kaiſerl. königl. Majeſtät vorzüglichſte
Sorgfalt dahin gerichtet wäre, damit der richtige
Einfluß deren hierzu nöthigen Erfordernißen in Re
& Tempore ſicher geſtellet werde; als hätten
Aller=

Allerhöchſtgedacht Jhro Majeſtät zu denen treuge=
horſamſten Ständen das gnädigſte Zutrauen, daß
ſelbe dieſe landesmütterliche Abſicht weiters zu un=
terſtützen, und deme, was für das Militarjahr
1775. gnädigſt anzuſinnen für nöthig befunden
worden, in ihrer angewohnten Devozion ſich will=
fährigſt zu unterziehen nicht anſtehen werden.

Und da vor allem die Ehre Gottes nebſt der
Fortpflanzung des alleinſeeligmachenden katholi=
ſchen Glaubens die wahre Grundveſte wären, wo=
durch der Länder Wohl beſtünde;.

So könnten

Erſtens: Jhro kaiſerl. königl. apoſtoliſche Ma=
jeſtät nicht umhin, die treugehorſamſten Stände zur
unabläßlichen Beharrlichkeit in ihrem bisherigen Re=

Li=

ligionseifer, und zu künftiger Bewirkung all deſ=
ſen anzufriſchen, was dieſem vorzüglichen Ge=
ſchäft nach Maaß der vorhin zur Aufrechthaltung
der katholiſchen Religion feſtgeſtellten Grundſä=
ßen, und ergangenen Generalien einen gedeilichen
Vorſchub geben könnte.

Zweitens: Hegeten Ihro Majeſtät die gnädig=
ſte Zuverſicht, daß die treugehorſamſten Stände
für dieſes 1775te Militarjahr das Quantum
pro Militari mit 4,200,000 fl. und pro Camerali zu dem Schuldenfond des allerhöchſten
Ærarii mit 1,070,488 fl. 44 kr. in Summa
mit fünf Millionen zweimal Hundert und ſie=
benzig tauſend vier Hundert acht und achtzig
Gulden 44 kr. für dieſes Jahr willfährigſt über=
nehmen, und damit in Tempore, und zwar
mit

mit Abführung des Militaris in monatlichen anticipat Ratis, mit dem Camerali aber nach Verfließung eines jeden Quartals richtig einhalten werden. Wobei Ihro kaiserl. königl. apostolische Majestät denen treugehorsamsten Ständen allergnädigst versichern ließen: daß, obschon Allerhöchstselbte so wohl das obausgemessene Quantum militare, als camerale zu dem bestimmten Endzweck zu verwenden, folglich beides rein und depuriret zu halten, gemeinet seyn, nichts destoweniger die zur Bedeckung der Interesse nöthigen Fundi allemal, wie es seit dem Eintritt des 1763ten Militärjahrs mit aller Zuverläßlichkeit geschehen, zur rechten Zeit aus andern Mitteln ausmessen und anweisen zu lassen, bedacht seyn werden. Annebens

Drit=

Drittens, zu denen treugehorſamſten Stän=
den gnädigſt verſehend, daß ſelbe der bißherigen Gewohnheit nach die Landesabgaben und Abſtat=
tung der Beſoldungen ſowohl für die kaiſ. königl.
alß die Landesbediente: deßgleichen

Viertens, für die königl. Appellationskam=
mer das behörige Augmentum Salarii
noch ferner ohne Anſtand willigſt übernehmen,
nicht minder,

Fünftens, die eßedeme für die königl. böhmi=
ſche Hofkanzley gewidmete jährliche achtzehn tau=
ſend Gulden, nach der allerhöchſten Reſoluzion
vom 28ten Dezember 1748. aus der jüdiſchen
Contributionsquota in monatlichen Ratis zu Han=
den Ihro Majeſtät Hofkanzley = Taxamts richtig
abführen; hiernächſt auch

2)   W.   Sech=

Sechſtens. keinen Anſtand nehmen werden, das gewöhnliche Moratorium, jedoch mit Ausnahme der Wittwen und Waiſen, dann der piarum Cauſarum, für welche pro Anno 1775. abermalen Zehn tauſend Gulden gewidmet werden, noch weiter zu erſtrecken. Wo übrigens

Siebentens. ſo viel die Landesbegränzung anlangt, es bis auf Ihro kaiſerl. königl. apoſtol. Majeſtät allergnädigſte. Entſchlieſſung bei denen von Zeit zu Zeit ergangenen Verordnungen beruhete, und endlichen

Achtens. in Anſehung der zu unterhaltenden und zu verbeſſernden Straſſen, Allerhöchſt Ihro Majeſtät von denen treugehorſamſten Ständen allergnädigſt gewärtigten, daß ſie zu Folge des bereits durch das k. k. Gubernium an Dieſelbe gelang=

langten ehemaligen Antrags für künftiges Jahr ei=
ne [allgemeine Hand = und Zugrobotsreluition
nach der in Niederösterreich eingeführten Modali=
tät zu verwilligen, um so weniger Anstand nehmen
werden, als die Herstellung guter und zu aller
Jahrszeit wandelbarer Strassen unmittelbar zum
Besten des Landesinwohners gereiche, und der Be=
trag der dießfälligen geringen Abgabe wiederum bis
auf den letzten Heller im Lande verwendet werde;
in wessen Anbetracht, und da der Nutzen des Lan=
des selbst erforderte, den Strassenbau zu beför=
dern, sich Ihro Majestät auch um so gewisser ver=
seheten, daß sie Stände auf Herstellung eines satt=
sam ergiebigen Fundi zu diesen nützlichen Auf=
wand von selbsten fürdenken werden.

Wie nun Ihro kaiserl. königl. apost. Majestät
bei Abfassung dieses gnädigsten Ansinnens das
Haupt=

Hauptaugenmerk auf das wahre Beste, und den Ruhestand Dero getreuesten Erblande gerichtet hatten, und dahero im geringsten nicht zweifeln wollten, daß die treugehorsamsten Stände ihre bereitwillige Erklärung hierauf nach ihren vielfältig bewährten Eifer für Ihro Majestät, dann das königl. und erzherzogliche Haus, durchgehends abfassen, auch den Landtag in der bestimmten Zeit zu beendigen, vorhero aber die Art und Weise, durch welche sie die Postulata zu beheben gedenken vorläufig ad approbandum einzusenden bedacht seyn werden.

· In dessen allergehorsamster Befolgung haben die treugehorsamsten Stände diese allerhöchste Gesinnung dem Herkommen nach, und zwar anfänglich ein jeder Stand ins besondere, nachgehends aber alle vier Stände insgesammt, in Erwe=

wegung gezogen, und vor allem andern Ihro
kaiſerl. königl. apoſt. Majeſtät für Dero huldreich=
ſte Gnade, daß nemlich Allerhöchſtſelbte, nach der
uralt hergebrachten Gewohnheit, und zeitherigen
Uibung pro Anno militari 1775. den allge=
meinen Landtag vorläufig auszuſchreiben, und hier=
zu geſammte vier Stände des Königreichs Böh=
men fürzulaßen, dann Ihro allermildeſte Geſin=
nungen ihnen beizubringen, mithin Dero treuge=
horſamſtes Erbkönigreich Böhmen bei denen wohl=
erworbenen Vorrechten, Freyheiten und Privile=
gien in allerhöchſten kaiſerl. königl. Hulden zu er=
halten geruhen wollen, ſo wie nach Pflicht und
Schuldigkeit, alſo auch unter der allerdevoteſten
Ehrfurcht, die ausnehmendſte allerunterthänigſte
Dankſagung zu Füßen zu legen befunden, mit der
allerunterthänigſten Verſicherung, daß Sie Stän=
de

de ſich all dieſes angelegen ſeyn laſſen werden, die 1775jährige Landes ⸱ Poſtulata zu Jhro allerⸯ höchſten Zufriedenheit vollkommen zu erledigen. Gleichwie dann auch hiernach von Jhro kaiſ. köⸯ nigl. apoſtoliſchen Majeſtät mit Dero treugehorⸯ ſamſten Ständen der Landtag auf das gegenwär⸗ tige 1775te Jahr folgendermaſſen im Namen Got⸗ tes geſchloſſen worden.

Von

Einrichtung der Pfarreyen

und

Kollaturen.

Anlangend nun

Ad 1^{mum} die Ehre Gottes, und die Fort=
pflanzung des alleinseeligmachenden Glaubens;
So ist die von Ihro kaiserl. königl. Post. Majestät
preiswürdigst hierob erlassene allerhöchste Verord=
nung gleichsam schon im Voraus mit nachfolgen-
dem vierfachen Verhältniß bewerkstelliget, und er-
füllet. Da

Erstens: Sr. des allhiesigen Erzbischofens
fürstl. Gnaden nebst deme, daß selbte auf den
tu=

tugendlich und untadelhaften Lebenswandel derer
in Jhrer Archidioeces befindlichen geistlichen
Seelsorgern die strengste Aufmerksamkeit tragen,
hiernächst in der ganzen Archidioeces die besondere Andacht zu dem das Allerdurchlauchtigste
Erzhaus abstamlich beseegnenden hochheiligsten
Sakrament des Altars, eifersvoll eingeführet, und
nicht nur allein hierummen in der allhiesigen Metropolitankirche bei St. Veit eine ordentliche
von Sr. Heiligkeit dem letztverstorbenen Pabst
Clemens dem XIV. bestättigte besondere Bru-
derschaft eigends errichtet, sondern auch, damit
dieses allerheiligste Sakrament des Altars vom 1ten
Januar 1774. anfangend, durch künftige ewige
Zeiten sowohl bei Tag als Nachtsstunden ohnin-
terbringlich angebetet und verehret werde, das
nöthige bei allen Archidioecesal - Pfarrern
und

und Klöſtern veranlaßet, und in wirkliche Aus=
übung geſetzt haben. Und annächſt

Zweytens. Inhalt deren durch das verlittene
Jahr 1774 über die allerortige Verrichtungen de=
ren geiſtlichen Seelſorgern eingelangten gründli=
chen Berichten, nicht nur allein durch den erzbi=
ſchöflichen Vicarium generalem 48 Pfarr=
Beneficia und geiſtliche Klöſter canonice vi=
ſitiret, und dabei 31604 Seelen das heilige Sa=
krament der Firmung mitgetheilet, ſondern auch
durch die angeſtellte erzbiſchöfliche, dann durch die
anderweite böhmiſch und deutſche Bußprediger in
verſchiedenen Kreisortſchaften die ſonſt gewöhnliche
Miſſionen verrichtet, durch erwehnte Miſſiona-
rios aber vier Perſonen, welche ketzeriſch = und
verbotene Bücher unter das Landvolk ausgeſtreuet
haben, handfeſt gemachet, und der Juſtitz zur ver=

2).   C   ſchul=

ſchuldeten Beſtrafung übergeben, ſo fort 929 Stück
ketzeriſche und verbotene Bücher ausfindig gemachet,
und hieror über 2000 Stück katholiſcher Geſang
und Gebetbücher vertheilet, dann unter einem durch
die geiſtlichen Miſſionsübungen 36 Atheiſten und
über 300 in verſchiedene Glaubensirrthümer ver=
fallene Landesinſaſſen zur Abſchwörung ihres fal=
ſchen Wahns, und zur Erkenntniß und neuerlichen
Profeſſion des wahren katholiſchen Glaubens zu=
rückgeführet, und endlich 39 Juden zum Chriſten=
thum bekehret, und mittelſt der heiligen Tauf der
katholiſchen Gemeinde zugeſellet, nicht minder
demnächſt

Drittens: nach Beiſpiel der erzbiſchöflichen
Archidioeces, auch in der königgratzer biſchö=
flichen Dioeces neben denen mit dem heiligen
Sakrament der Firmung begabten 6848 Perſo=
nen,

nen, auch die daselbſtigen Miſſionarien an verbo=
tenen Büchern 270 Stück abgenommen, und 9
Juden zum chriſtlichen Glauben vermöget, dann 93
durch ketzeriſchen Unglauben verführte Perſonen zur
Wiedererkenntniß ihres Irrthums, und zur wahren ka=
tholiſchen Religion zurück gebracht worden ſind.
Wobei noch fernerweit nicht zu zweifeln iſt, daß in
wofern auch der leutmeritzer Herr Biſchof die jen=
ſeitige Dioeceſalmiſſionen und andere geiſtli=
che Verrichtungen, nicht immer noch anhero anzu=
zeigen anſtünde, auch diesfalls der ſtändiſche Re=
ligionseifer mit mehreren erhoben werden, und da=
hero auch wohlgedachter leutmeritzer Herr Biſchof,
wenigſtens in Zukunft, zu diesortiger gehöriger
Anzeige wiederholtermaſſen und zur unfehlbaren
Folge ausgebig zu erinnern ſeyn dürfte.

Vier=

XX

Viertens: Von einigen Herren Landesinnwoh=
nern, und zwar in der erzbischöflichen Prager
Diözes eine neue Pfarrey von dem Herrn Grafen
des Fours, zu Imayn, dann vier Kaplaneyen,
als: zwo von dem Herrn Fürsten zu Schwarzen=
berg zu Ratiboritz und Nakrzim, dann zwo von
dem Herrn Grafen von Salm zu Rittersdorf und
Pangratz, wie auch eine dergleichen Kaplaney zu
Katzerow, errichtet worden sind. Mithin aus so
gestaltig erzbischöflichen Archidiözesal = und König=
gratzer Diözesalverwendungen, die wahre und reiche
Frucht der evangelischen Arbeit in der Maße zu er=
hoffen ist, daß die im Königreich Böhmen da und
dorten noch etwa verborgene minderbeträchtliche
Glaubensirrungen und Lauigkeit, mittelst ferner=
weitigen eifrigen Wachsamkeit deren hiezu insbeson=
dere angewiesenen Seelsorgern ganz unschwer
behoben, und mit der Wurzel ausgerottet, an=

durch

durch aber hier Landes die wahre katholische Re=
ligion ihre erwünschte Vollkommenheit erreichen
werde..

Also will es nur noch an deme bewenden: daß
fernerweit dem Beispiel Sr. des Herrn Erzbischo=
fens fürstlichen Gnaden, von Dero Beistand die
in der erzbischöflichen Archi=dann die in denen leut=
meritzer und königgratzer bischöfl.Diözesen angestellten
16 Missionarien ihren Unterhalt aus der geistlichen
Calla Salis genüßen, auch die treugehorsamsten
Stände nachzufolgen, und zu Unterstützung deren
anderweiten ehehin schon eingeführten böhmisch und
deutschen Bußmißionen für das Militarjahr 1775.
das sonst gewöhnliche Mißionsquantum pr. 1200
fl. ex Fundo domestico abreichen zu lassen,
nicht unabgeneigt seyn, sofort aber die bekannte
Religionspatente, mit dießfälligem Excitatorio
vom

vom Jahr 1725. allgemein zu republiziren, und durch die obrigkeitliche Mitwirkung, die zum unumgänglichen Unterhalt des Lebens deren geistlichen Seelsorgern gewidmete Decimationen und andere Schuldigkeiten deren Unterthanen zur allmaligen richtigen Abfuhr zu bringen, hiernächst aber vornehmlich zu Schul = und Lehrmeistern der Jugend, sowohl in den Landstädten als Dörfern, wohlgesittete, vorläufig von denen Vicariis foraneis, oder wenigstens von denen Localseelsorgern in denen Grundsätzen des römisch katholischen Glaubens gestissentlich geprüfte Leute anzustellen; dann nach preißwürdigstem Beispiel Ihrer kaiser königl. apostol. Majestät, deme gemäß Allerhöchstselbte die von der heiligen Kongregation und päbstlicher Approbation in Rom ausgewirkte jährliche 1500 fl., dann die geistliche Fructus intermedios, denen hierländigen Schulmeistern allergnädigst zuzueignen

ge=

geruhen, die hierländigen Obrigkeiten sowohl, als jederortige Gemeinde in verfolgsamer dessen Nach=ahmung denen Schulmeistern aus eigenen Renten ein zulängliches Auskommen abzureichen, mithin selbte andurch von der kümmerlichen Besorgniß ih=res zeitlichen Unterhalts vollkommen zu entledigen, und lediglich zu beständiger Glaubens = und Sitten=lehre der Jugend anzuhalten, somit aber den wah=ren Grundstein des unverfälschten römisch katholi=schen Glaubens bei der blühenden Jugend anzule=gen und zu befestigen, dann unter einem die theils Orten noch um die falsche Glaubensübung und Verachtung der katholischen Religion verdächtige, und schon öfters der behörigen Gerichtsstelle entdeckte Leute, durch die allhiesige königl. Appellationskam=mer anderen zum Abscheu und Warnigung in Zei=ten gemessen bestrafen zu lassen, überhaupt aber die Stände über die in der Landesverfassung selbst be=
grün=

gründete alleinseeligmachende katholische Religion
(wie bishero rühmlichst) feste Hand zu halten, und
endlich bei der hier Landes angestellten Censuri=
rungskommission, dann an Seiten der Gränitz=
Zolladministration sowohl in Prag, als noch mehr
an denen Gränitzörtern, zur Hindanhaltung deren
einschleichenden Miniftellorum · und Einschwär=
zern verbotener Büchern, das Erforderliche zu ver=
fügen, und endlich nicht minder der bei der hierortigen
Buchdruck = und Buchhändlern bis nun zu mißbrau=
chenden Druck = und Verkaufsfreyheit Maaß und
Ziel zu setzen, untereinst aber das allhiesige kaiserl.
königl. General ‑ Militar ‑ Commando,
damit selbtes durch die Regimentsfeldprediger, die
bei dem hier Landes bequartirten Militari vorfin=
dige verdächtig und unrichtige, wider die katholische
Religion und ihre Gebräuche handlende oder sonst
ärgerliche Bücher auszuforschen, und solche unmit=
tel=

felbar abzunehmen, verwilliget werden möchte, zu requiriten sich angelegen seyn lassen.

Worauf Jhro kaiserl. königl. apostol. Majestät Jnhalt eines allerhöchsten Rescripts von 23ten Junius laufenden 1775ten Jahrs allergnädigst zu erkennen zu geben geruhet, wienach Allerhöchst Jhroselbten der sowohl von den geistlichen Ordinariis, als von gesammten treugehorsamsten Ständen fürwährend bezeigende Eifer zur Aufrechthaltung der heiligen alleinseeligmachenden katholischen Religion und Ausrottung alles kezerischen Unwesens zu ganz besondern Wohlgefallen gereiche; wie dann mehr allerhöchstgedacht Jhro Majestät unter einem, nach dem ständischen Anverlangen, nicht allein dem kaiſ. königl. Gubernio, sondern auch der Ministerial-Banco-Deputation mitgebeten, daß ersteres die vorhin ergangene Religionspatente, und das

2)   **D**   ſe=

gewöhnliche Excitatorium de Anno 1725. an die Ortsobrigkeiten repübliziren, ingleichen die vorjährige Erinnerung wegen Beſtellung rechtſchaffener Schul = und Lehrmeiſter wiederholen, und durch das General-Militar-Commando, die Verfügung, damit von denen Regimentsprediger die bei dem im Lande bequartirten Militari vorhandenen anſtößigen Bücher weggenommen und vertilget werden, veranlaßen, nicht minder die Cenſurskommiſſion zu fleißiger Hindanhaltung der einſchleppenden verführeriſchen Bücher ermahnen, letztere aber durch ihre unterhabende Beamte auf die einſchleichenden irrgläubigen Emiſſarios, und derlei verwerfliche Bücher die genaueſte Obſorge tragen laſſen ſolle.

Von den

postulirten 4,200,000 fl.

dann dem

Cammerali pr. 170,488 fl. 44 kr.

Ad 2^{dam.} Nicht nur allein Eid, Pflicht und
Schuldigkeit, und was nur immer einerseits die
wahre Abhängigkeit erfordert, sondern auch, was
andererseits die Liebe, Treue und Verehrung, und
was der ächte Dienſteifer nur immer zu wirken ver=
mag, ſind ohnabſtändlich jene Triebfedern, nach
welchen die treugehorſamſten Stände über die von
Ihro kaiſ. kön. Maj. dem Königreich Böhmen pro
Anno militari 1775. allergnädigſt angeſinnte
Landespostulata ſich dergeſtalten hier abzugeben
hat,

hat, wie es vor Gott und Jhro kaiserl. königl. Ma=
jestät sowohl, als vor dem werthen Vaterlande und
der Nachkommenschaft jederzeit gerechtfertiget wer=
den mag.

Die Ausführung dieses Saßes ist nun in Ab=
sicht auf das 1775jährige Poſtulatum dasjeni=
ge wichtige Geschäft der treugehorsamsten Stände,
worunter der hierländige ordinaire Kontribuent,
welcher für das innlebende Militarjahr 1775. von
jedem Angesessenen 66 fl. zu entrichten schuldig ſyn
sollte, zum Hauptgegenstand auftritt. Vorläufig darf-
hier in Erinnerung gebracht werden, daß, obzwar in
dem Landtagsgutachten des verlittenen 1774ten
Militärjahrs an Jhro kaiserl. königl. Majestät der
bittliche allerunterthänigſte Antrag beschehen sey,
damit in Ansehung derer denen hierländigen Kon=
tribuenten aufliegenden so vervielfachten Extrasteuern
und

und Abgaben, das pro dicto Anno 1774. durch
den Nachlaß von 50000 fl. herabgesetzte Haupt=
Poftulatum pro Futuro ausgebiger gemin=
dert, dann feiner bisherigen größern Ausgabe, und
dem kleinern Empfang genauer adäquiret werden
möchte; deme unangefehen jedoch anstatt der er=
hoften diesfälligen Gewährung, das Widerspiel er=
folget, und für innlebendes Militarjahr auf den or=
dinari Kontribuenten nicht nur allein nicht weniger
als 57 fl., fondern gegentheils um 9 fl. mehr, mit=
hin ein Quantum von 66 fl. zwar angetragen,
diefer fo geftaltige Antrag jedoch, in Folge deren
von Seiten des Landes zu dem allerhöchften k. k.
Thron wiederholt verwendeten bittlichen allerun=
terthänigften Vorftellungen, in Kraft eines erfloffe=
nen kaiferl. königl. allergnädigften Refcripts vom 9.
Jäner diefes Jahrs, nicht nur allein auf 60 fl. von
jedem Angefeffenen herabgefetet, fondern anndchft
auch

auch dem ordinari Kontribuenten allermildeſt zuge=
ſtanden worden ſey, ſeine bis lezten Oktober 1774
ausſtändige Kontributionsreſten durch zehnjährige
Friſten abtilgen zu können.   In der Verlegenheit
nun, aus welcher das Königreich Böhmen mit de=
nen dem ordinari Kontribuenten zugemuthet gewe=
ſten 66 fl. ſich nimmermehr auszuhelfen vermö=
gend geweſen wäre; ſo iſt dieſe allerhöchſte kaiſerl.
königl. allergnädigſte Entſchlieſſung, als eine aus=
nehmende landesmütterliche Wohlthat, mit der
pflichtſchuldigſt alleruntertänigſten Dankehmung
auf das allervollkommenſte um ſo mehr zu verehren,
als der dieſer allerhöchſten Wohlthat noch beigefüg=
te Zuſatz der verwilligten zehnjährigen Reſtentil=
gung den armen Kontribuenten in Stand ſetzet,
pro currenti Anno militari 1775, außer
Beirrung der ehemaligen Reſten, nur ſeine gegen=
wärtige Jahrsſteuer zu beſorgen; wobei die treu=
ge=

gehorsamsten Stände noch besonders die von Ihro
kaiserl. königl. apost. Majestät, seit einigen Jahren
her, dem hierländigen Unterthan erwiesene so häufi=
ge Wohlthaten in Erwegung gezogen, einfolgsam
denen von Ihro kaiserl. königl. Majestät dem Kö=
nigreich Böhmen pro Anno militari 1775.
angesonnenen allerhöchsten Landespostulatis, in so
weit nemlich darunter der steuerbare Angesessene
nur mit 60 fl. einverstanden ist, sich auf das be=
reitwilligste und allerdevoteste unterzogen, dabei
sich den Nachlaß der Nebenabgaben allerunterthä=
nigst erbeten. Auf welch unterthänigste Erklärung
in dem obangezogenen allerhöchsten Rescript vom
23ten Junius dieses Jahrs die allerhöchste Ent=
schlüssung erfolget, wienach Ihro kaiserl. königl.
Majestät die willfährige Erklärung deren treuge=
horsamsten Ständen, zu Uibernehmung des aller=
gnädigst postulirten **Quanti contributionalis**

lis tam pro Militari, quam Camerali,
nach Maaß des in der fpätern allerhuldreichften
Refolution verwilligten Nachlaßes gnädigft an=
genommen hätten, doch könnte der anfinnende Nach=
laß an den in gefammten Erblanden angelegten
Extraabgaben und Steuern um fo weniger ftatt
haben, als der Unterthan in der ordinären Kontri=
buzion bereits auf 60 fl. von Angefeffenen wäre
herabgefeßet, folglich demfelben eine Erleichterung
von 6 fl. zugeftanden worden. Dahero Jhro k. k.
Majeftät in Erwägung der den Kontribuenten al=
lermildeft eingeftandenen beträchtlichen Erleichte=
rungen, fowohl des richtigen Einflußes des ohnehin
merklich verminderten Contributionalis in Re
& Tempore, als der übrigen Nebenabgaben
fich gänzlich verfeheten, befonders, da durch die wirk=
lich im Werk begriffene neue Bequartirungsart
dem ordinari Kontribuenten auf dem Lande, felbft
            mit

mit einem namhaften Aufwand des Ærarii, eine merkliche Wohlthat in Enthebung von der bisher getragenen Quartierslaſt zugehen werde. Und obſchon die gegenwärtigen Staatserforderniſſen nicht geſtatteten, den übrigen ſtändiſchen Deſideriis zu willfahren; ſo würden Ihro Majeſtät doch niemalen entſtehen, auf noch mehrere Erleichterung des Kontribuenten, und auf die Allerhöchſt Ihroſelbten ſo ſehr am Herzen liegende Wohlfahrt dieſes treugehorſamſten Erbkönigreichs Böhmen, das landesmütterliche Augenmerk ſtets hin zu richten.

Von

Uibernehmung der Landesausgaben

für die

kaiſ. kön. und Landesbediente, dann königl. Appellazionskammer.

Ad 3^{rium} & 4^{tum}. Da werden die kaiſerl. königl. und Landesbeſoldungen, wie auch das Augmentum Salarii für die Appellazions= kammer (als welche hierum ſchon beſonders requi= riret hat) für gegenwärtiges Militarjahr 1775 von Seiten des Landes willfährigſt übernommen.

Von

Von

den zu Handen des Hoftaxamts

abzuführen kommenden 18000 fl.

Ad 5tum. Obwolen die hierländige jüdische Kon=
tribution zu ihrer Bestimmung deren hieraus zu
vergütenden Wetter = und Feuerschäden zum öftern
nicht zureichend ist; deme unangesehen jedoch sollen
vorerwähnte 18000 fl. zu Handen des k.k. Universal=
taxamts gewöhnlichermassen abgegeben werden.

Auf welche ständischer Seits gemachte Erklä=
rungen Ihro kaiserl. königl. apostol. Majestät laut
des schon angezogenen allerhöchsten Rescripts vom
23ten Junius dieses Jahrs allergnädigst zu erwie=
dern geruhet haben: daß die willfährige Uiberneh=

mung,

mung der Landesausgaben, und des Augmenti Salariorum für die königliche Appellationskammer, dann der für die Hoffanzley gewidmeten jährlichen 18000 fl. zum gnädigsten Wohlgefallen gereiche.

Von dem

Moratorio Cameræ.

Ad 6um Tragen die treugehorsamsten Stände kein Bedenken, sothanes Moratorium für das Militarjahr 1775 noch weiters hinaus zu verlängern, und Ihro k.k. Majestät für die zu Bezahlung deren Wittwen und Waisen, dann deren piarum Caufarum ausgemessene 10000 fl. den allergehorsamsten Dank zu erstatten, anbei aber Allerhöchstselbte um den maaßgebigsten allerhöchsten Befehl

fehl unterthänigst zu belangen; damit denen treu=
gehorsamsten Ständen, die obschon widerholtermaf=
sen anverlangte, über sothane 10000 fl. angetra=
gene Zahlungsliste dermaleinst zur Einsicht mitge=
theilet werde.

Worüber Inhalt des mehrerwehnten allerhöch=
sten Rescripts ddo. Wien den 23ten Junius a. c.
von Ihro kaiserl. königl. Majestät Hoffammer ver=
anlaßet worden, wie die auf die alten Schulden
jährlich gewidmeten 10000 fl. verwendet, und
welche Partheien namentlich, auch mit wie
viel bezahlet werden sollen.

Von

Von der

Generallandesbegrenzung.

Wo es übrigens

Ad 7mum wegen der Landesbegrenzung bis auf Ihro kaiserl. königl. Majestät allerhöchste Resolution bei denen von Zeit zu Zeit erlassenen Verordnungen sein Bewenden hat. Endlich

Von den

zu unterhaltenden und zu verbesserenden Sträßen.

Ad 8vum. finden sich die treugehorsamsten Stände gemüßiget, Ihro k. k. apost. Majestät die Beschwerlich- und Unthunlichkeit einer hier Landes einzuführenden Straßenbaurelutzion allergehorsamst.

ſamſt vorſtellig zu machen, mithin Allerhöchſtſelbte mehrmalen allerunterthänigſt zu belangen ; womit das treugehorſamſte Erbkönigreich Böhmen pro currenti Anno militari 1775 & pro futuro hievon allermildeſt enthoben, inzwiſchen aber der hierländige Straſſenbau von der hierum ins beſondere aufgeſtellten Direkzion unter Beziehung deren ohnehin beträchtlichen und ausgebigen Privat - und Schranken = dann Waſſermauth= geldern, wie bishero, wohl beſorget, dann zu denen etwa betreffenden mehreren Auslagen die kaiſerl. königl. Bankoadminiſtration, und der Commercial - Fundus, dann die von dem ganzen Moldau = und Elbefluß die neue Holz = und andere Naturalien = Tariffe de Facto beziehende Navigations-Caſſa vermöget werden möchte.

Vor=

Worauf die allerhöchſte Entſchlieſſung in dem eröfterten allerhöchſten Reſkript vom 23ten Junius dieſes Jahrs dahin erfolget, daß es zwar in Anſehung der angeſonnenen Straſſenbau‐Reluzion bei deren einsweiliger Einſtellung noch der Zeit verbleiben könnte; doch verſeheten ſich Ihro k. k. Majeſtät, daß ſolche zu verwilligen, in Rückſicht auf das eigene Beſte des Landes, nicht weiter angeſtanden werden würde.

Von der

ex Gremio Statuum angeſtellten Ausſchuß Kommiſſion.

Haben die Stände zu der ex illorum Gremio, unter dem Directorio des hochgebohrnen Karl Egon, des heil. röm. Reichs Fürſten zu

Für‐

Fürstenberg, Landgrafen in der Paar und Stüh-
lingen, Grafen zu Heiligenberg und Werdenberg,
Freyherrn zu Gundelfingen, Ritters des göldenen
Vließes, Herrn zu Haußen im Kitzinger Thal,
Erbherrn der Herrschaft Pürglitz, Krschowitz,
dann Daubrawitz und Lantschin, wie auch zum
Schloß Lahna und Neuwaldstein, Ihro kaiserl.
königl. apost. Majestät wirklichen geheimen Raths,
Kämmerers, größern Landrechtsbeisitzers, Ober-
sten Burggrafen, dann eines hochlöbl. kais. königl.
Landesguberniums im Königreich Böhmen Präsits,
angestellten Ausschußkommißion, und zwar:

Aus dem

geistlichen Stande.

Den würdigen und andächtigen Franz Kugler,
SS. Theologiæ Baccalaureum forma-
2)   F.   tum,

tum, der h. Metropolitankirche bei St. Veit
ob dem königl. prager Schloß Canon. Joan.
& Ecclefiaftem.

Dann den würdigen und andächtigen Franz
Michael Daller, des heil. kanonifchen und exempt.
Prämonftratenferordens, der königl. Stifter des
Berges Sion und Mühlhaufen Abten, Vifita=
torem perpet. und der mehreften Klöfter in
Böhmen, Mähren auch Pohlen Patrem Abba-
tem, SS. Theol. & Juris utriusque Doct.
Protonot. Apoft. publ. & jurat., wie auch
im Königreich Böhmen Prälaten.

Aus dem

Herrenftand.

Den hoch = und wohlgebohrnen Franz Xaver,
des heil. röm. Reichs Grafen von Wiefchnick, Herrn
auf

auf Groß Wschelis, Bukowan und Rzeß, Ihro
kaiserl. königl. apostolischen Majestät wirklichen
geheimen Rath, Kämmerer, Großkreuz des heil.
Stephans Ordens, Präsidenten über denen Ap=
pellationen ob dem königl. prager Schloße, des
kaif. königl. Landesgubernulums und größern Land=
rechts Beisiger.

Dann den hoch=und wohlgebohrnen Christian,
des heil. röm. Reichs Grafen von Sternberg, Ihro
kaif. königl. Majestät wirklichen geheimen Rath,
Kämmerer, und des kaiserl. königl. Landesguber=
niums Beisiger.

Aus dem

Ritterstande.

Den wohledlen und gestrengen Ritter Johann
Philipp Bieschin v. Bieschin, Herrn auf Strascho=

F 2 wiß.

wiß, Ihro kaiſerl. königl. apoſt. Majeſt. Rath, des
kaiſerl. königl. Landesguberniums und größern Land=
rechts Beiſitzer, und Landesunterkämmerer im
Königreich Böhmen.

Dann den wohledlen und geſtrengen Rit=
ter Emanuel Ubelli von Siegburg, Ihro kaiſ. kön.
Maj. Rath, Kammerer und Hoflehen = wie auch
des kleinern Landrechts Beiſitzer, und Viceland=
ſchreiber im Königreich Böhmen.

Aus dem

Bürgerſtand.

Den Johann Wenzl von Friedenberg, der kön.
alten Hauptſtadt Prag Primator.

Dann

Dann den Franz Joseph Weibel, der obern
Stadt Prag Rathsverwandten,
für das gegenwärtige 1775 Jahr ernennet.

Von der

Generallandesrepartizion

über die

1775 jährige Landtagsverwilligung.

Damit nun aber jedem Landesinwohner und
Kontribuenten bekannt seyn möge, wie viel der=
selbe für das 1775te Militarjahr nach der steuer=
baren Ansäßigkeit beizutragen habe.

So ist hiebei die sub Sign. ☐ verfaßte
Sig. Tabelle zu Jedermanns Wissenschaft beigefüget
☐ worden.

Schluß

Schluß des Landtags.

Schließlichen, und nachdeme Ihro kaiſ. königl. apoſtol. Majeſtät Dero hochanſehnlichen Herren Landtagskommiſſarien, Inhalt Eingangs angeführter allerhöchſten Inſtruktion, allergnädigſt mitzugeben geruhet haben, denen treugehorſamſten Ständen in Ihro Allerhöchſten Namen zu bedeuten; daß Allerhöchſtſelbte die Stände wegen gegenwärtiger Verwilligung mit einem beſondern Revers (gleichwie ſolcher der vorjährigen Verwilligung beygefüget wurde) dahin verwahren wollen; daß all dieſes denen ſtändiſchen wohlhergebrachten Rechten und Freyheiten unabbrüchig und unſchädlich ſeyn ſolle, und Allerhöchſt Ihroſelbten der Stände unterthänigſte Willfährigkeit in kaiſerl. königl. Gnaden zu erkennen niemals entfallen werden.

Sol-

Solchemnach sollen Ihro kaiserl. königl. apoſt. Majeſtät Sie Stände für den über die vorjähri= ge Verwilligungen allermildeſt ertheilten, und für gegenwärtiges Jahr gleichfalls zugeſagten Revers die allerdevoteſte Dankſagung erſtatten, mit dem allerunterthänigſten Belangen, daß, wie man im= mer zwar nach allgemeiner und eines jeden Parti= kularſtandes lebhafteſten Eifer der Erfüllung des von Ihro kaiserl. königl. apoſt. Majeſtät dem Kö= nigreich Böhmen pro Anno militari 1775. zu= gedachten Poſtulati werkthätig an Hand zu gehen nicht ermangelt;

So auch dagegen in allerunterthänigſter Zuver= ſicht erhoffet werden wolle; daß Ihro kaiſ. königl. apoſt. Majeſtät das Land von allen weitern, was Namen haben mögenden Nachpoſtulatis oder Demandatis regüs allermildeſt zu verſchonen, und

und unter einem auch dahin allergnädigst zu verwilligen geruhen werden, daß, wofern in Casu eines
feindlichen Einfalls, dann allgemeinen Mißwach-
ses, oder einer Pest, Viehseuche, Raub, und
Feuersbrunst, dann anderen dergleichen unvor-
sehentlichen Verhängnißen (welche der allmächtige
Gott gnädigst abwenden wolle) Sie Stände zu des
Landes, und ihrer eigenen Sicherheit deren allgemeinen Landesprästationen selbst benöthiget wären,
Die Stände alsdann Ihrer kaiserl. königl. apostol.
Majestät allerhöchsten Landesschutzes sich för-
derhin zwar allerdings zu getrösten haben, jedoch zu Prästirung deren ordinari Steuern,
und anderen Nebenanlagen keineswegs ge-
halten, über all dieses aber ein für allemal nicht
verbunden seyn sollen, daß in Ordine Præ-
stationum publicarum ein Landesinwohner
für den andern, und ein Stand für den andern,

oder

oder die Obrigkeiten für die Unterthanen, dann überhaupt das Univerſum für den Privatum zu haften hätte.

Gegeben bei der allgemeinen Landtagsverſamm⸗ lung ob dem königl. Prager Schloß den 17ten Oktober 1775.

————————

2)　　　　　　　　G:　　　　　Ver⸗